הַגֶשֶׁר דֶרֶך גֶשֶׁם

THE ROAD THROUGH THE RAIN

Published by Brilliant Publications Limited
Unit 10
Sparrow Hall Farm
Edlesborough
Dunstable
Bedfordshire
LU6 2ES, UK

www.brilliantpublications.co.uk

Brilliant Publications is a registered trademark.

Written by Dasha Bondareva
Illustrated by Anna Safonova, Alesya Boldyreva and
Gwen Willow
English translator: Harriet Bright
Original design by Igor Gilbo
English edition designed by Priscilla Dorrance from
Brilliant Publications Limited

The Russian-Hebrew version of this book was first
published in 2020 by Optima Publications in Kyiv,
Ukraine (igorgilbo@gmail.com). This English-Hebrew
translation has been produced with the permission of
Optima.

ISBN: 978-1-78317-371-6

First printed and published in the UK in 2024.

דָאשָׁה בּוֹנדָרֵב

הַגֶּשֶׁר דֶּרֶךְ גֶּשֶׁם

Dasha Bondareva

THE ROAD THROUGH THE RAIN

Brilliant
PUBLICATIONS

מַיִם, מַיִם, מַיִם!
גֶשֶׁם מִשָׁמַיִם!
עוֹצֵם אֵת הַעֵינַיִם,
טִיפּוֹת שָׁרוֹת בֵּינתַיִם.

Rain, rain, rain,
Water from above.
When I close my eyes,
The raindrops sing their love.

טִיפּוֹת נוֹפלוֹת מִן הָעֵצִים
וְהַשָּׁמַיִם נוֹצְצִים
וְכָל יְצוּר בַּיַּעַר שָׁר
כְּשֶׁהַמָּטָר נִגמַר.

See above the dripping branches
Shining skies that follow rain.
Now the sun has warmed the forest,
All the creatures sing again.

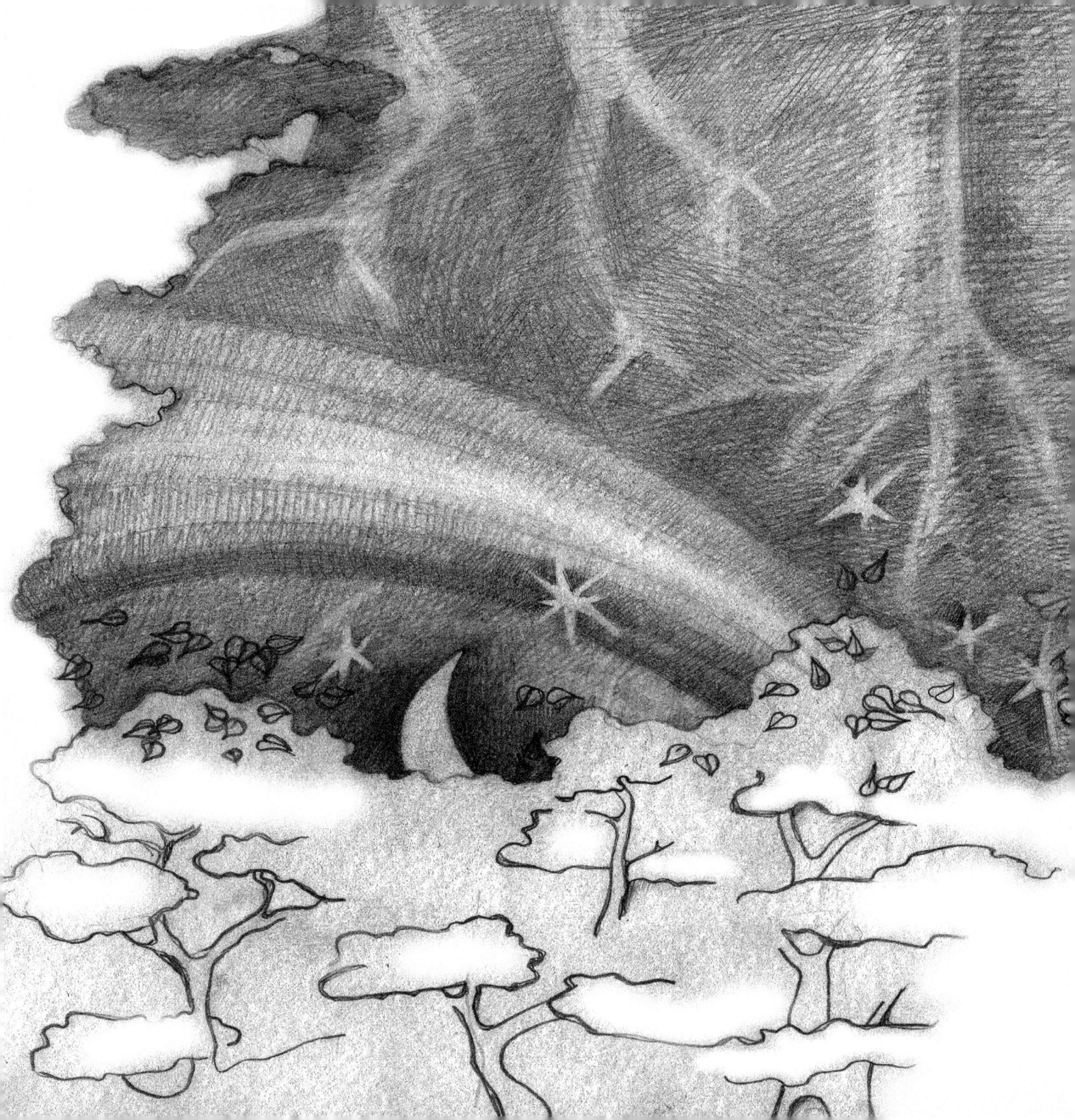

רַעַשׁ פֹּה!
רַעַשׁ שָׁם!
פִּצְפּוּצִים וּבַלַּגָּן!
בְּקוֹל רָם,
בְּקוֹל רָם
אֲנִי שָׁר עִם הָרַעַם!

Grumbles here,
Rumbles there,
Crashing chaos everywhere!
I turn into the storm and sing
Aloud!
Aloud!
Against the wind.

רָאִיתִי אֶת הַקֶּשֶׁת,
רָאִיתִי אֶת הַקֶּשֶׁת,
אֲנִי כֹּה מִתְרַגֶּשֶׁת –
יֵשׁ גֶּשֶׁר דֶּרֶךְ גֶּשֶׁם!

I see a rainbow,
A bridge through the sky!
I'm so excited
It makes my heart fly!

כַּלָנִית, כַּלָנִית,
הִסתַכּלִי נָא בַּשלוּלִית!
שָׁם שׁוֹחָה הַחִיפּוּשִׁית –
מִתרַחֶצֶת בַּגִיגִית.

Primrose, primrose,
The beetle says 'Hello'
From his bathtub puddle
In the warm sun glow.

אֲגָם נִרְדָּם
וְדֶרֶךְ הַיָּרֵחַ
זוֹרַחַת גָּם
מֵעַל מַרְאַת הַקֶּרַח.
הַכּוֹל סָבִיב
הֵם רַק חֲלוֹמוֹתָיו...
עַד הָאָבִיב
הוּא יְנַמְנֵם עַכְשָׁיו.

Beneath an icy sheet the pond lies deep,
A path of moonlight shines across its sleep.
Old pond dreams wrapping everything around,
Not waking until Springtime warms the ground.

עֵץ דוּבְדְבָן
עוֹמֵד בַּשִׂמְלָה
בְּצֶבַע לָבָן,
מְקֻשָּׁט כְּכַּלָּה.
הֵן, אָבִיב בָּא!
הַשֶּׁמֶשׁ עוֹלָה!
שׁוּב מַתחִילִים מֵהַתחָלָה!

The cherry tree all dressed in white
Stands glorious in the morning light.
Her bridal gown shows Spring is springing
And we all have a new beginning!

פֶּרֶג לָבָן –
זֶה פֶּסֶק זמַן.
פֶּלֶא קָטָן
לָנוּ נִיתָן.

This white poppy
Is a sign.
Shining emblem,
Flag divine.

נִרְדֶּמֶת בַּשֶּׁקֶט שְׁקִיעָה אֲדוּמָה,
הַיַּעַר נִיצָּב נֶעֱטָף בַּדְּמָמָה,
חוֹלֶמֶת עַל מַשֶּׁהוּ הָאֲדָמָה,
רַק שִׁיר הַצְּרָצַר נִשְׁמָע.

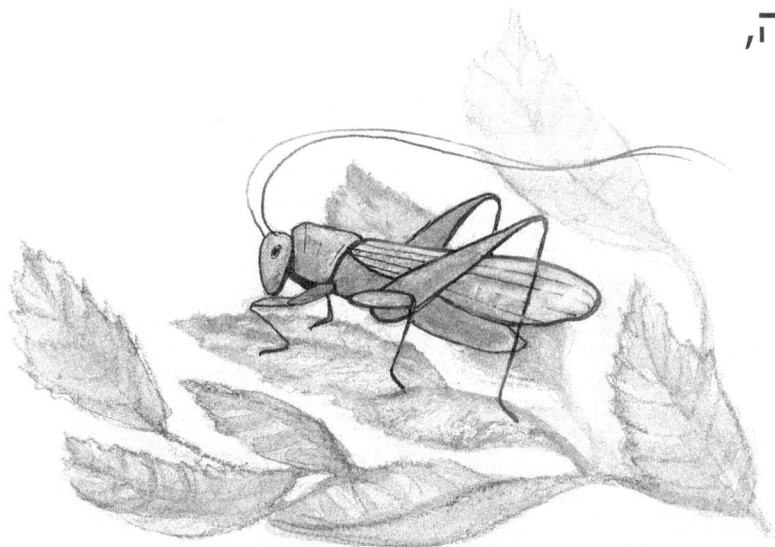

A drowsy sunset gives a scarlet show
To clothe the forest in a warm, bright glow,
While like a dream a peaceful music flows,
As cricket song floats softly by below.

עֲרָפֶל לְאַט נוֹפֵל,
אֶת הַכּוֹל סבִיבִי אוֹכֵל:
אֶת סוּסִי וְאֶת בֵּיתִי...
אֵיךְ הוּא לֹא אָכַל אוֹתִי?

What is it?

Dropping slowly to the ground
It eats everything around.
A house, a horse, a tree,
Why did it not eat me?

בְּלחִישַׁת שַׁלֶּכֶת
מֵדַבֵּר הַסתָיו
בַּמַלכוּת הַשֶׁקֶט
וְקַרנֵי זָהָב.

לְיַד הָאֲגָם
רָגוּעַ הַכּוֹל,
רַק נִשמָע אֵי-שָׁם
שִׁיר הַתַרנְגוֹל...

Shining Autumn morning,
Leaves whisper, time slows,
As if I have always been here
Where the quiet river flows.
Gentle golden kingdom
Where each ray of light glows,
Echo of Summer
A rooster crows.

הַאֲנָפָה הַלְּבָנָה
יְשֵׁנָה מִתַּחַת לַלְּבָנָה
נִצֶּבֶת עַל הָרֶגֶל אַחַת.
פְּתִית–שֶׁלֶג בְּשֶׁקֶט
יָרַד עַל כְּנָפָהּ,
לָחַשׁ לָהּ שֶׁהִיא לֹא לְבַד.

White heron,
Silent teardrop,
Under the moon she sleeps.
For company the Great Bear
Hanging in the deep.

שֶׁלֶג, שֶׁלֶג, שֶׁלֶג...
שֶׁקֶט
וְשַׁרְשֶׁרֶת עִקְבוֹת הָאַרְנֶבֶת –
זוֹהִי הָאִיגֶּרֶת
מֵחוֹרֶף בִּשְׁבִילִי.

Silence and snow.
Snow on snow.
Only the tracks
Of a hare show.
The message I see
From Winter to me.

פתותִיות לְבָנות,
פתותִיות-כּוֹכָבִיות,
נָא, גַלוּ לִי אֵת הַסוֹד –
אֵיךְ אַתֶן כּוּלְכֶן שונות?

Whisper, snowflakes,
Icy stars,
What your snowy secrets are.
Tell me, please, if you can speak,
How each of you is so unique?

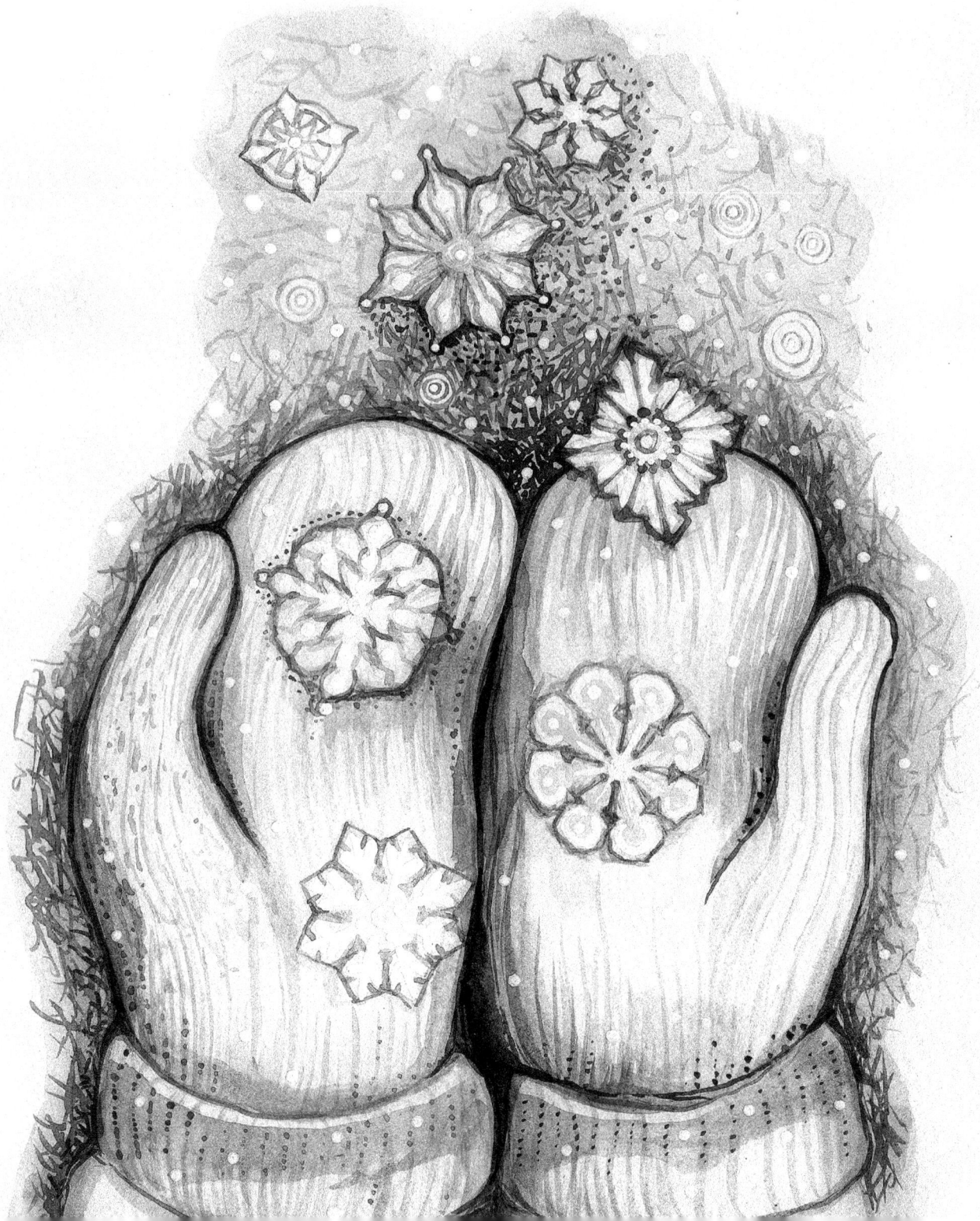

בַּשָּׁמַיִם הַכְּחוּלִים,
שָׁם, מֵעַל הָעֲנָנִים,
הַסַּהַר זוֹהֵר טָעִים –
חֲצִי הַתַּפּוּז.

Half an orange shines
In a dark blue night.
On a bed of feathers
The moon is sleeping tight.

טִיף-טִיפָּה, טִיף-טִיפָּה,
לַיְלָה בָּא, לַיְלָה בָּא,
גֶשֶׁם שׁוּב מֵבִיא אִיתוֹ –
אוֹטוֹטוֹ הוּא יָבוֹא,
אוֹטוֹטוֹ, אוֹטוֹטוֹ...
רַק חָתוּל שָׁחוֹר עַל הַגָּדֵר
לֹא יָשֵׁן –
אֶת הַטִּיפּוֹת סוֹפֵר.

Night falls with a tip-tat
pit-a-pat...splat!
It's just about to pour down –
Drip, drop...blat!
Just about to rain hard –
pitter-patter... plop!
Black cat on the fence
Counts every drop.

בַּשָׂדוֹת גַחלילִיוֹת
מַדלִיקוֹת אֵת הַאוֹרוֹת,
צַרצוּרִים בַּחֲלִיפוֹת
מַשִׂיגִים אֵת הַקשָׁתוֹת
וּבְנַחַת עוֹד וְעוֹד
מְנַגנִים בַּכִּינוֹרוֹת.

Fireflies light the evening meadows
As the dusk is drawing in,
Crickets in their frock coats bow,
And start to play the violin.
They play one musical refrain
Again, again, again, again.

שֶׁקֶט!
שְׁמַע וְהִשְׁתּוֹמֵם!
יֵשׁ שָׁם מִישֶׁהוּ נוֹשֵׁם –
הַפִּיל הַכָּחוֹל עַל הַגַּג.
בַּשָּׁמַיִם הוּא דָּגִים דָּג.

Shh! Shh!
Listen...
Can you hear?
Someone breathing
Very near.
An elephant is on the roof
Fishing in the sky
For blue-blue dreams
As they pass by.

כָּל קִיפּוֹד אוֹהֵב מְאוֹד
חוֹשֶׁךְ, יַעַר וּתהִלוֹת.
וְלָכֵן, לְכָל קִיפּוֹד
גַּם נַגִּיד: "כָּל הַכָּבוֹד!"

Hedgehogs love walking in woodlands at night,
And they love a kind word, so if you catch sight
Of a snuffling hedgehog while you're in the wood,
Show her some kindness and tell her she's good.

הַסוּסִים דוֹהֲרִים
בַּשָׁמַיִם הַכּחוּלִים,
הַסוּסִים דוֹהֲרִים –
כּוֹכָבִים נוֹצְצִים.

הַסוּסִים דוֹהֲרִים
עַל נְהַר-דִי-נוּר,
הַסוּסִים דוֹהֲרִים –
וְנִמשָׁך הַסִיפּוּר.

הַסוּסִים דוֹהֲרִים
בַּשָׁמַיִם הַכּחוּלִים,
הַסוּסִים דוֹהֲרִים –
הֵם נִיסִים מְבִיאִים.

Galloping horses
In the sky,
Galloping horses
Streaming by,
Galloping horses
Shine at night,
Galloping horses make starlight.
All along the Milky Way,
Galloping horses run and play.
They gallop and gallop all night long
And in my heart they're galloping on.

Star dog brought dust...
On his whiskers and his nose,
On his belly and his toes,
On his back and on his jaws,
On his ears and on his paws.
He shook....
His whiskers and his nose,
Shook his belly and his toes,
Shook his back and shook his jaws,
Shook his ears and shook his paws.

Then tiny white specks flew all around,
As pieces of stardust fell to the ground.

לְכַּלְבְּלָב הַכּוֹכָב
יֵשׁ אָבָק עַל הַגַּב,
עַל הַזָּנָב,
עַל הָאוֹזְנַיִם,
עַל הָרֹאשׁ,
עַל כַּפּוֹת הָרַגְלַיִם...
הוּא נִיעֵר אֶת הַזָּנָב,
אֶת רֹאשׁוֹ וְאֶת הַגַּב,
אֶת אָזְנָיו וְאֶת רַגְלָיו
וְנָפְלוּ לְמַטָּה מִלְמַעְלָה –
מִשָּׁמַיִם עַל הַגַּג וְהַלְאָה –
הַחֶלְקִיקִים הַלְּבָנִים –
גַּרְגִּירֵי אָבָק הַכּוֹכָבִים.

בּוֹנֶה הַמְנַצֵחַ
שׂוֹחַח עִם הַיָרֵחַ.
מַקהֵלַת הַצפַרדְעִים
שָׁרָה שִׁיר שָׂמֵחַ.

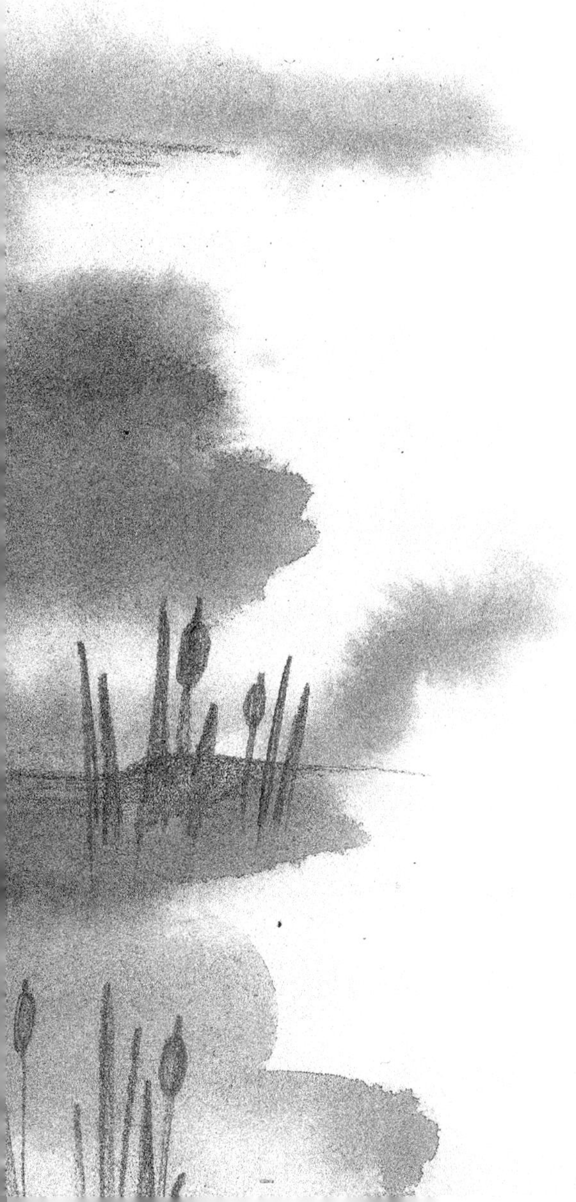

The beaver is conducting
While talking with the moon.
The chorus of frogs frolic
As they sing their cheerful tune.

זָנָב בְּכָל מִינֵי צְבָעִים,
הַכּוֹבַע וְהַזָּקָן שֶׁלּוֹ אֲדֻמִּים,
הַנּוֹצוֹת נוֹצְצוֹת,
הַכְּנָפַיִם שְׁחוֹרוֹת,
נֶהֱנֶה מֵהַכָּבוֹד
וּבְכָל הַכּוֹחוֹת
בַּבֹּקֶר הוּא שָׁר עוֹד וְעוֹד.

Colourful tail and beard of red,
Like the hat upon his head,
Shining wings a splendid sight,
Respected warrior in a fight,
His morning song brings him great fame,
Tell me, can you guess his name?

שִׁיר הַצפַרדֵעַ נִשׁמָע,
רֵיחַ הַפּרִיחָה מֵהַאֲדָמָה...
שַׁלוָה סבִיבִי – בַּלֵב וּבַאֲוִיר
וְהַזָמִיר הַעֶרֶב שָׁר לִי שִׁיר.

The croaking of frogs a far off sound,
The scent of blossom from the ground,
In the peace of evening my heart is free.
From nowhere a nightingale sings to me.

הִגִּיעַ מִדָּרוֹם זַרְזִיר,
שָׁר לוֹ שִׁיר,
בָּנָה לוֹ קֵן כְּאַרְמוֹן.
קוּקִיָּה הִסְתַּכְּלָה,
גַּרְעִינִים אָכְלָה
וְאָמְרָה בְּבִיטָחוֹן:
"כָּל הַכָּבוֹד!
גּוֹזָלִי כָּאן יָגוּר,
נָכוֹן?"

A starling came flying from the South
He built a nest.
It was perfection.
Cuckoo sat silently pecking seeds,
She took a rest.
Made her selection.
At last the cuckoo said 'Well done!
I've chosen. My chick will have that one.'

יָשְׁבָה צִיפּוֹר עַל אוֹרֶן
וְשָׁרָה עַל צִיפּוֹרֶן.
לָהּ הִקְשַׁבְתִּי גַּם אֲנִי –
פֶּרַח-פֶּלֶא – צִבְעוֹנִי.

A springtime bird sang
In a pine tree.
The dreaming moon heard,
And she told me.

חָתוּל בֵּן שְׁלוֹשָׁה צבָעִים
טִיֵּל לוֹ בְּדִמדוּמִים.
חָתוּל בֵּן שְׁלוֹשָׁה צבָעִים
יָדַע לִשְׁמוֹר עַל סתָרִים.
מְגַלִּים,
מַסבִּירִים,
מִתוַכּחִים,
בַּכּבִישִׁים
נִפגָשִׁים
אֲנָשִׁים...
הֶחָכָם מִבֵּין הֶחָתוּלִים
הוּא שָׁתַק עַל כָּל מִינֵי דבָרִים.

Cutlet the Calico cat
Loved a Summer walk.
Cutlet the Calico cat
Knew never to talk.
Conversations,
Arguments,
Any sullen word,
Traffic lights,
Fences,
Squabbling of birds.
Clever cat Cutlet
Kept secret all she heard.

פְּרָחִים יָפִים!
פְּרָחִים עָפִים!
פְּרָחִים בְּכָל מִינֵי צְבָעִים!
כָּל-כָּךְ נָעִים,
כָּל-כָּךְ מַדְהִים
לְהִסְתַּכֵּל בַּפַּרְפָּרִים!

Glorious, wonderful,
Beautiful flowers,
Glowing with colour
I watch you for hours.
Dream flowers that fly,
Flutter by butterflies.

דרוֹר אָפוֹר,
דרוֹר הַצִיפּוֹר,
תַעֲזוֹר לִי, תַעֲזוֹר
לֹא לִבכּוֹת, לֹא לִבכּוֹת,
גַם לָשִׁיר לִי עוֹד וְעוֹד.

Help me sparrow, small and grey
Quickly bring your song today.
A cheerful song that rings so clear
It warms my soul when you are near.
Sing more, for when I hear you sing,
I'm made well by the joy within.

בַּאֶמצַע הַדֶרֶך,
בַּשָעָה אַחַת ,בְּעֵרֶך,
נִפגְשוּ הַמַלכָּה וְהַמֶלֶך.
הַמַלכָּה לְבִיאָה
וְהַמֶלֶך אַריֵה
יַחַד אָמרוּ: "זֶהוּ זֶה!"

Walking by the waterfall
It wasn’t a surprise at all
The Royal couple met.
Once King lion had seen
The lioness Queen,
It was a sure bet.

מַהֲרוּ, מַהֲרוּ, מַהֲרוּ!
לַעֲגוּר הָאָפוֹר כִּתְבוּ!
הוּא גָּר לְבַדּוֹ לְיַד הָאֲגָם,
אַף אֶחָד מֵעוֹלָם לֹא כָּתַב לוֹ לְשָׁם,
מֵעוֹלָם לֹא כָּתַב לוֹ לְשָׁם.
הָעֲגוּר מְצַפֶּה,
הָעֲגוּר מְקַוֶּה,
הָעֲגוּר מְחַכֶּה
לְמִכְתָּב.
רַק כַּמָּה דְּבָרִים,
רַק שְׁתֵּי מִילִּים
כִּתְבוּ לוֹ כְּדֵי לְעוֹדֵד!
כִּתְבוּ לוֹ!
הוּא כָּל-כָּךְ בּוֹדֵד!

Hurry up! Hurry up!
Write to the crane.
All alone by the swamp,
He is waiting again.
Always waiting and waiting,
It feels like forever,
But nobody writes to him,
Never and never.
Just a word, just a syllable,
Send him a letter,
He is lonely, so lonely.
Write now! Make it better.

שׁנֵי בַּרבּוּרִים לְבָנִים
בַּעֲרָפֶל שׁוֹחִים לַחוֹף וְהָלאָה
וּדמַעוֹת הַגֶּשֶׁם מְלַטפוֹת אוֹתָם
וְנִיחוּמִים יוֹרדִים עַלָי מִלְמַעלָה.

Across the hazy lake they glide,
Two swans caressed by rain.
Heaven itself offers a tide
Of tears to soothe my pain.

בֵּית-סֵפֶר

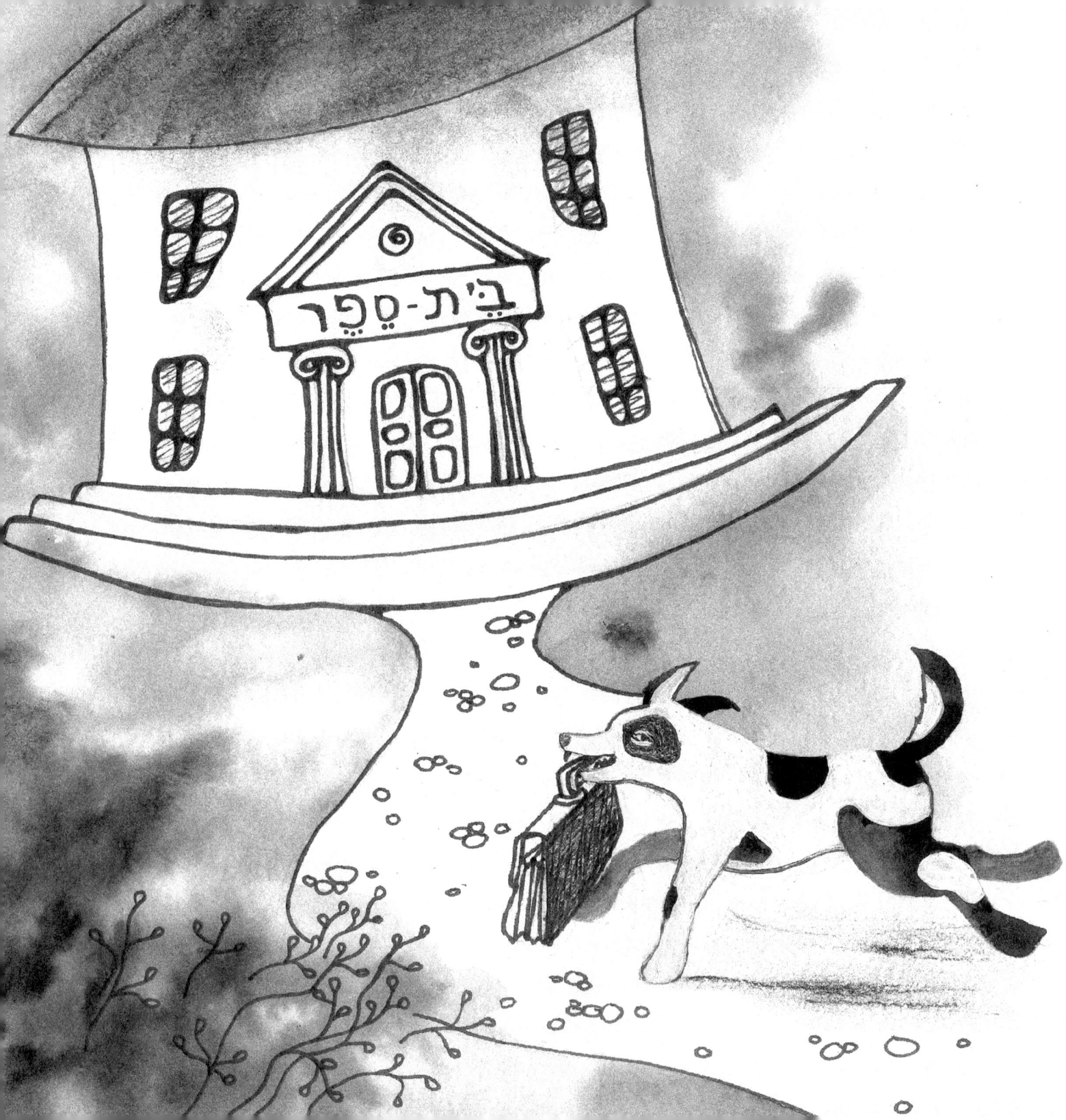

רָץ, רָץ, רָץ
הַכְּלַבְלָב –
הוּא הַיּוֹם כָּתַב בַּ"וָאו"
אֶת הַשֵּׁם שֶׁלוֹ –
כְּלַבְלָב –
בִּגְלַל זֶה
הוּא עַכְשָׁיו
לְבֵית-הַסֵּפֶר שָׁב.

Run, puppy, run,
Run to school and learn to spell.
You wrote your name as 'Poppy',
It's time to learn it well.
Take out the 'Oh!'
And put in 'You!'
Poppy will be puppy
When you change these two.

שָׁר-שָׁר-שָׁר!
מִי זֶה שָׁר?
זֶה אֲנִי – אָדוֹן צְרָצַר.
וּמַדּוּעַ אַתָּה שָׁר?
שָׁר מִפְּנֵי שֶׁמְּאֻשָּׁר.
וְאִם מַר לְךָ, צְרָצַר?
אֵין דָּבָר, אֵין דָּבָר –
יוֹם חָלַף – הַשִּׁיר נִשְׁאַר.

Chirrup chirrup chirrup
And who is that trilling?
It's me, I'm a cricket!
And why all the singing?
The world is good and I am glad
And what of when the world is bad?
So what? So what?
From sadness and pain
The world will be born
Into joy again.

חִילָזוֹן, חִילָזוֹן,
אֵיפֹה הַמְלָפְפוֹן?
גָּמָל-שְׁלֹמֹה לָקַח אוֹתוֹ
לְהַאֲכִיל אֶת מִשְׁפַּחְתּוֹ.

Snail, little snail,
Where could your cucumber be?
The praying mantis took it,
To feed his family.

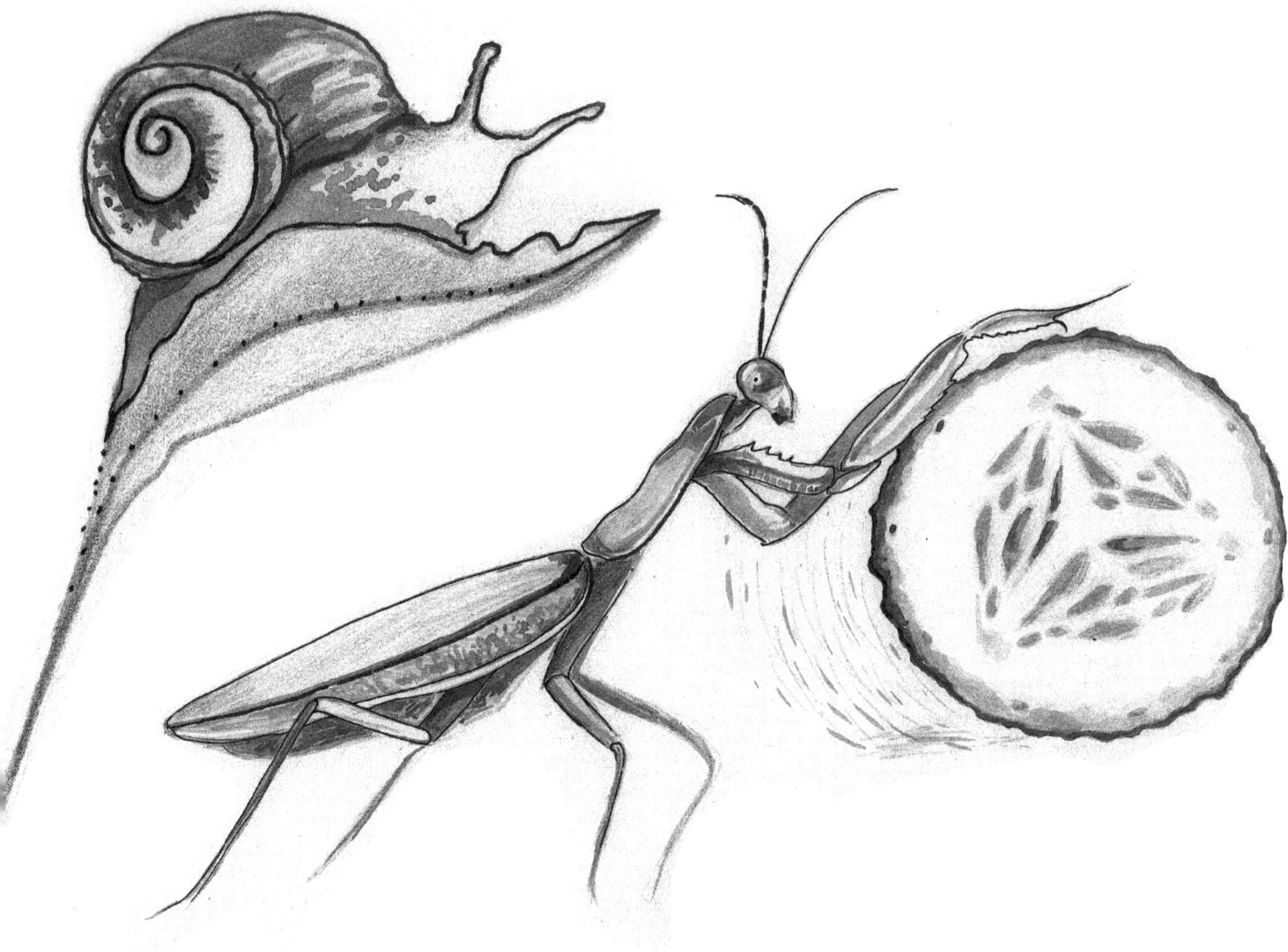

He thought he saw a giant nut,
And jumped to catch the moon,
A happy, silly squirrel,
Who leapt too soon.

סנָאִי קָטָן נוֹרָא שָׂמֵחַ
רוֹצֶה לִתפוֹס אֵת הַיָּרֵחַ –
הוּא קוֹפֵץ מֵעֵץ לְעֵץ
דֶּרֶךְ יַעַר לְלֹא קֵץ.

חֲתַלְתּוּל שָׁחוֹר מְאוֹד
מִתְאַמֵּן לוֹ עוֹד וְעוֹד –
הוּא עוֹלֶה בְּמַדְרֵגוֹת
וְחוֹזֵר: "כָּל הַכָּבוֹד!"

A tiny kitten, black as night
Who bravely climbs a tree,
Keeps trying 'til he's out of sight,
At last says, 'Well done me!'

כּוֹכָב הַזָּהָב
נָפַל עַל קַרְנַף,
קַרְנַף הַזָּהָב
הָפַךְ לַאַרְנָב,
אַרְנָב הַזָּהָב
הָפַךְ לוֹ לַצָּב
וצָב הַזָּהָב
בַּיָּם נֶעֱלַם.

Golden star
Fell on a rhino,
Golden rhino
Turned into a hare,
Golden hare
Turned into a turtle,
The golden turtle swam who knows where?

כְּאִילוּ סוֹגֶרֶת אֶת הַתְּרִיסִים,
עוֹצֶמֶת אֶת הָעֵינַיִם
וּפְתוֹתִיּוֹת יוֹרְדוֹת עַל הָרִיסִים...
אֲנִי בַּחֲלוֹם בֵּינְתַיִם.

Silent snowflakes
Like white birds fly
And onto my lashes
They fall from the sky.
Icy crystals, flowers of white,
A dreamer's garden of snowy light.

בַּדֶרֶך הַזֹאת
אֵלֵך שֹׂמֵחָה מְאוֹד –
בַּדֶרֶך הַחֲלָבִית,
בַּנְתִיבָה הַאֵינסוֹפִית.

I will have fun
Along the Milky Way –
The endless road
Where bright stars play.

חֲלוֹמִי, הַחֲלוֹם,
הִסְתַּכֵּל נָא בַּחַלּוֹן
וְצַלְצֵל בְּפַעֲמוֹן,
הָבֵא אֶת הַסַּהֲרוֹן
שֶׁאוּכַל אֲנִי לִישׁוֹן.

Come into the room, my dream, come soon,
And bring your silver friend the moon,
Then out of the window we will creep,
And follow the crescent into sleep.

הַצִּיפּוֹרִים הַלְּבָנוֹת,
מֵאַיִן אַתֶּן עַכְשָׁיו עָפוֹת?
בִּשְׁבִילִי כּוּלְכֶן הָאוֹת –
רַק לְרֶגַע מוֹפִיעוֹת...

White birds,
Strung like a dream,
Sent to me from the sky.
Wonders
In my window
From nowhere to nowhere they fly.

לִכבוֹד חֲנוּכָּה

נֵס גָּדוֹל הָיָה שָׁם!
נֵס גָּדוֹל גַּם עַכשָׁיו
עִם כָּל יוֹם, עִם כָּל נֵר
לִי קוֹרֶה, לִי קוֹרֵא.
כָּךְ קוֹרֶה מִדּוֹר לְדוֹר
נֵס גָּדוֹל כְּמִגדַלּוֹר!

In honour of Hanukkah

This wonder, this miracle of long ago
Is still happening now, and continues to grow.
Every day, every evening, each candle that's lit
Is a marvel that grows in my heart, bit by bit.
A great beam of light for each generation,
A beacon, a miracle for our nation.

שִׂיחִים, פְּרָחִים וְכּוֹכָבִים
וְחָתוּלִים וַחֲבֵרִים
וּמִטְרִיּוֹת וַאֲרְנָבוֹת,
קְשָׁתוֹת, עוּגוֹת וַחֲלוֹמוֹת,
שָׁמַיִם, אֲדָמָה וְיָם –
כָּל-כָּךְ הַרְבֵּה יוֹפִי יֵשׁ בָּעוֹלָם!

Trees and stars and flowers,
Tortoises, dreamy hours,
Dogs, porpoises, cats,
Umbrellas, hares and hats.
The sky, the earth, the sea,
Friendship. You and me.
Tall ships with sails unfurled –
So much beauty in the world!

אֶשאַל אֵת אֵלִי לִהיוֹת לְצִיפּוֹר,
לֹא לְזמַן רַב – קְצָת –
רַק לְהַרגִישׁ אֵת הַדרוֹר,
לִדאוֹת בַּשׁחָקִים לְאַט...

אַעֲלֶה לְמָרוֹם כּמוֹ פַּעַם בַּחָלוֹם –
אַף אֶחָד לֹא יִראֶה אוֹתִי –
וְאָעוּף לְשָׁלוֹם לְמִזרָח, לְדָרוֹם –
אַגִיעַ לְמַטרָתִי.

שָׁם, בַּיָם הַאֲוִיר וְהַאוֹר
אֶהיֶה מְאוּשֶׁרֶת כִּמעַט...
אֶשאַל אֵת אֵלִי לִהיוֹת לְצִיפּוֹר,
לֹא לְזמַן רַב – קְצָת.

I will ask God - let me try
Being a bird in the wide sky
Soaring leisurely and high,
As once I dreamt that I could fly.

Invisible to all below
My wings would take me high and slow.
To East and South I'd make my flight,
Until, at last, I would alight.

I would be almost happy there,
Up in a sea of light and air,
To fly in peace unseen, unheard,
Just for a while, to be a bird.

רָאִיתִי בַּחֲלוֹם אֵת הַסּוּלָם
וְלֹא אֶשְׁכַּח אוֹתוֹ מֵאָז וּלְעוֹלָם
כִּי הוּא הָיָה עָשׂוּי מֵאֵשׁ הַכּוֹכָבִים,
מִסַּהֲרוֹן הַכֶּסֶף, נוֹצוֹת הַצִּיפּוֹרִים –
הֵן, סוּלָם הַפֶּלֶא – שָׁמַיִם הֵם הַגְּבוּל!
וְיָרְדוּ נִיסִים בּוֹ כְּטִיפּוֹת מַבּוּל.

Most wonderful staircase
I saw in my dreams,
All silver with feathers
And stars and moonbeams.
Stairs straight to the kingdom
Of heavenly worth.
Down them came miracles
Onto this earth.

Where are you, dear friend?
How is life for you?
How will we meet again?
Will it come from the blue?
And when will I see you?
Maybe in September?
On the mountain?
Or under the hills we remember?
Maybe in Winter
Beneath my old pine?
Maybe in Summer
In morning sunshine?
Maybe in a dream
We'll meet very soon,
Sharing a horse
On a ride to the moon?
Will we meet in the yard?
Maybe in May?
Maybe in Spring
At the end of the day?

I'll wait for the meeting, and probably
I'll notice you before you notice me.

If we meet in the evening or even at night,
I'll make sure I have all the candles alight.

אֵיפֹה אַתָּה, חֲבֵרִי הַיָּקָר?
לֹא שָׁמַעְתִּי עָלֶיךָ אֲפִילוּ דָּבָר...
אֵיפֹה, אֵיךְ, מָתַי
תּוֹפִיעַ בְּחַיַּי?

בַּחָצֵר? בַּשָּׂדֶה?
בַּבַּיִת, אִם תִּרְצֶה?
עַל הָהָר? בַּיָּם? בַּסְתָיו?
אוֹ אוּלַי פִּתְאוֹם עַכְשָׁיו?

אוֹ אוּלַי בַּחֲלוֹם
תְּבַקֵּר אֶצְלִי הַיּוֹם
וְנִדְהַר עַל הַסּוּסִים
בַּשָּׁמַיִם הַכְּחוּלִים?

אֲחַכֶּה לִי עוֹד וְעוֹד,
לֹא אַפְסִיק לְקַוּוֹת.
אִם אֶרְאֶה אוֹתְךָ בֵּין-הַשְּׁמָשׁוֹת
אַדְלִיק בִּשְׁבִילְךָ אֶת כָּל הַנֵּרוֹת.

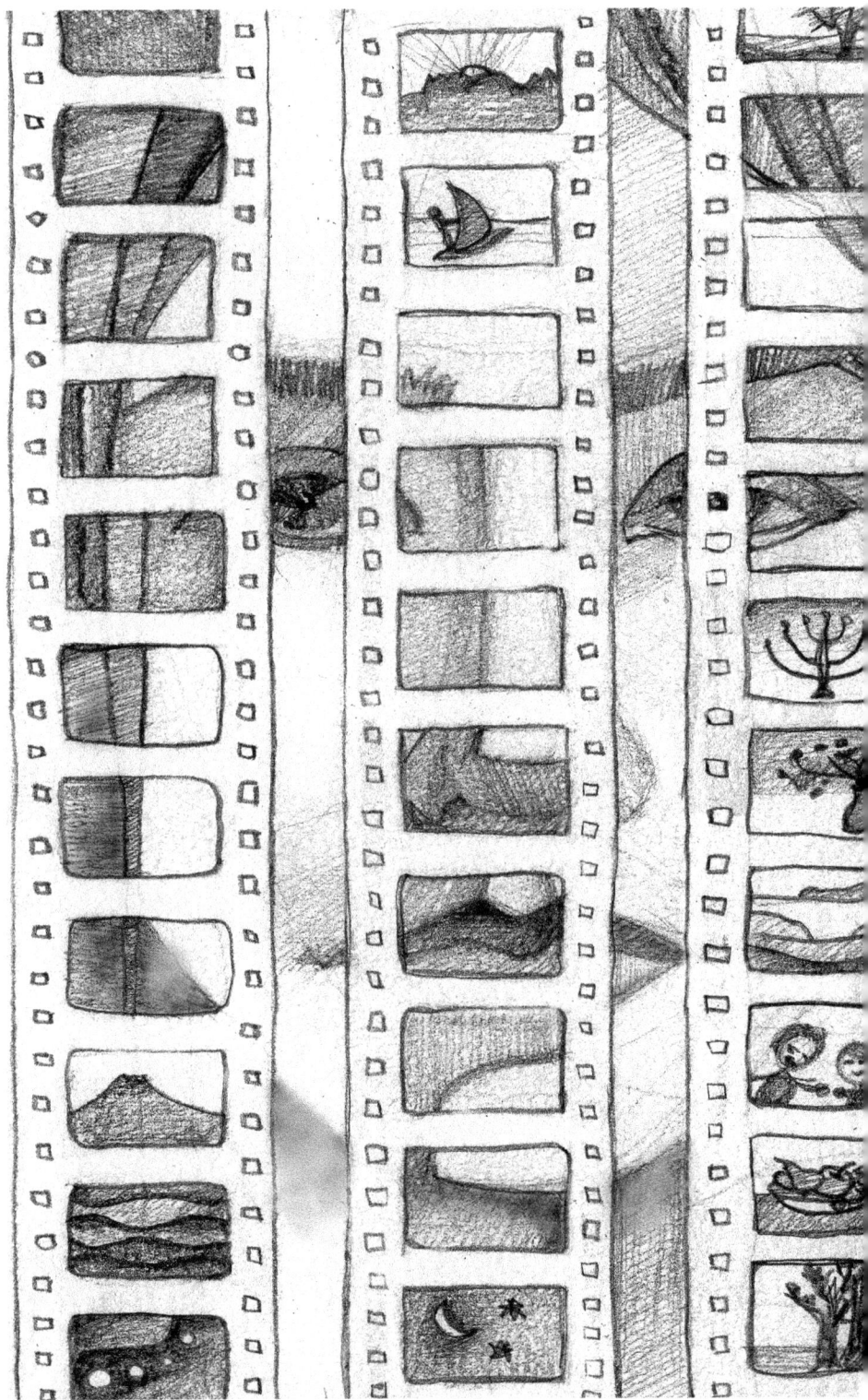